BULLETIN OFFICIEL

DU MINISTÈRE DE LA GUERRE.

INSTRUCTION DU 3 SEPTEMBRE 1900

SUR LES

ACHATS A CAISSE OUVERTE

PAR LES

Commissions de réception du service du ravitaillement

PARIS

HENRI CHARLES-LAVAUZELLE

Éditeur militaire

10, Rue Danton, Boulevard Saint-Germain, 118

(MÊME MAISON A LIMOGES)

BULLETIN OFFICIEL
DU MINISTÈRE DE LA GUERRE.

INSTRUCTION DU 3 SEPTEMBRE 1900

SUR LES

ACHATS A CAISSE OUVERTE

PAR LES

Commissions de réception du service du ravitaillement.

PARIS

HENRI CHARLES-LAVAUZELLE

Éditeur militaire

10, Rue Danton, Boulevard Saint-Germain, 118

—

(MÊME MAISON A LIMOGES)

BULLETIN OFFICIEL
DU MINISTÈRE DE LA GUERRE.

INSTRUCTION DU 3 SEPTEMBRE 1900

SUR LES

ACHATS A CAISSE OUVERTE

PAR LES

Commissions de réception du service du ravitaillement.

Objet de l'Instruction.

Art. 1er. La présente instruction a pour objet de déterminer les conditions dans lesquelles sont effectués, en temps de guerre, les achats à caisse ouverte, par les commissions de réception du service du ravitaillement, pour la formation des approvisionnements nécessaires aux armées et aux places fortes.

Evaluation et constitution des fonds nécessaires.

Art. 2. Les fonds destinés au paiement immédiat des denrées achetées à caisse ouverte sont évalués, dès le temps de paix, par les autorités chargées du ravitaillement, d'après les instructions du Ministre de la guerre.

Un état récapitulatif, faisant connaître, par département, le montant de ces évaluations, est adressé au Ministre des finances, qui prend, dès le temps de paix, les mesures nécessaires pour que les provisions ainsi déterminées soient constituées, en temps voulu, dans la caisse des trésoriers généraux.

Avant le commencement des opérations, les autorités chargées du ravitaillement font connaître au trésorier général l'importance des fonds à réunir dans chaque centre de réception, ainsi que les dates auxquelles ils devront y être constitués. Le trésorier général en opère la répartition en temps utile entre les agents du Trésor chargés des paiements (receveurs des finances ou percepteurs).

Détermination des prix.

Art. 3. Les achats sont effectués sur prix fixés à l'avance. Les commissions départementales d'évaluation des réquisitions établissent, pour les différentes denrées devant être achetées à caisse ouverte, des tarifs qui sont arrêtés par le Ministre de la guerre ou, lorsque le degré d'urgence le nécessite, par les autorités chargées du ravitaillement (préfet et sous-intendant militaire).

Ces tarifs sont notifiés par les préfets aux trésoriers généraux, qui les portent à la connaissance des agents chargés des paiements.

Lettres-avis aux municipalités.

Art. 4. Les comités départementaux de ravitaillement arrêtent, dès le temps de paix, le type de lettres-avis à adresser aux maires, en vue de leur indiquer le mode de fonctionnement ainsi que les avantages des achats à caisse ouverte, et de faciliter la tâche qui leur incombera. Les autorités chargées du ravitaillement complètent ces lettres en y portant les prix fixés et les quantités de denrées demandées ; elles les adressent aux maires avant le commencement des opérations, avec un tableau faisant connaître la composition des convois, ainsi que les jours et heures de leur arrivée au centre.

Devoirs des maires.

Art. 5. Les maires donnent la plus large publicité aux dispositions qui leur ont été notifiées en vue des achats à caisse ouverte, et provoquent les offres de leurs administrés. Ils tiennent le registre des prestations offertes et les inscrivent à leur date ; si les offres excèdent les quantités demandées, les dernières en date sont réduites ou considérées comme non avenues.

Les prestations fournies sont groupées en convois par commune, pour être conduites aux centres de réception. Les maires organisent ces convois d'après les indications des autorités chargées du ravitaillement, et en désignent les chefs. Ils remettent à ces derniers un bulletin de chargement ou de conduite (mod. 1), dont ils ont préalablement rempli et signé la souche. Ce bulletin indique, distinctement, par propriétaire (que la procuration collective, constituant le deuxième feuillet du bulletin, ait ou non été signée par lui), la nature et la quotité des prestations qui entrent dans la composition du convoi. Ils s'assurent, le cas échéant, que la procuration est régulièrement établie et contient la signature de tous les vendeurs qui ont donné leurs pouvoirs au chef de convoi ; ils légalisent lesdites signatures.

Agents chargés des paiements.

Art. 6. Le prix des fournitures, les indemnités diverses dues aux membres des commissions de réception, le salaire du personnel secondaire, et les menues dépenses d'installation et de fonctionnement, sont payés, comme il est indiqué à l'article suivant, par l'agent du Trésor (receveur des finances ou percepteur), en résidence au centre de réception, ou, à défaut, par le percepteur qui a dans sa circonscription ledit centre. Ce dernier se transporte avec les fonds nécessaires au centre de réception, après s'être entendu avec le président de la commission au sujet des jours et heures auxquels il devra être présent pour l'exécution des paiements.

Le percepteur se tient, autant que possible, à proximité du lieu où siège la commission. Au début des opérations, le président lui adresse un spécimen de sa signature et de celle du secrétaire-comptable.

Exécution des paiements.

Art. 7. D'une manière générale, l'agent du Trésor chargé des paiements doit s'assurer de la régularité matérielle des pièces qui lui sont produites, et vérifier l'exactitude des décomptes. En cas d'omission ou d'erreur, il signale sur une fiche les rectifications à opérer, et remet ladite fiche, ainsi que les pièces de dépenses, à la partie prenante, en l'invitant à poursuivre les régularisations nécessaires auprès du secrétaire-comptable.

Les paiements sont effectués, d'après la nature des dépenses auxquelles ils se rapportent, conformément aux règles suivantes :

Fournitures. — Les prestations fournies par voie d'achats à caisse ouverte sont payées, immédiatement après leur réception, au chef de convoi, autorisé à cet effet, en vertu d'une procuration collective (mod. 1) donnée par les vendeurs sur la formule annexée au bulletin de chargement ou de conduite, les signatures des vendeurs étant légalisées par le maire, ainsi qu'il est dit ci-dessus (art. 5). Si, néanmoins, les vendeurs ont préféré effectuer eux-mêmes leur livraison en accompagnant le convoi, et si, par suite, ils n'ont pas signé la procuration annexée au bulletin de chargement ou de conduite, ils touchent personnellement le prix de leurs marchandises.

Dans l'un comme dans l'autre cas, il est fait usage, pour ces paiements, de bons spéciaux (mod. 2), avec talon-avis et souche ; ces bons, qui portent une série ininterrompue de numéros d'ordre, tiennent lieu de factures et doivent être rattachés ultérieurement aux mandats de régularisation.

Le secrétaire-comptable de la commission de réception reçoit du président le bulletin de chargement ou de conduite, complété par l'indication des quantités reçues (col. 2 et 3), avec mention de prise en charge. D'après ces indications, il établit un bon de paiement pour chaque vendeur touchant personnellement son prix, ou un bon de paiement collectif pour l'ensemble des vendeurs qui ont signé la procuration. Ce dernier bon est établi au nom des créanciers réels et contient la désignation des fournitures faites par chacun d'eux; il est remis au chef de convoi, avec la procuration collective et le talon du bulletin de chargement ou de conduite, complété (col. 4 et 5) par l'indication de la somme revenant à chaque vendeur signataire de la procuration; la souche dudit bulletin est conservée à l'appui de la comptabilité-matières.

L'agent du Trésor (receveur des finances ou percepteur) paie les bons à présentation après les avoir rapprochés des talons-avis qui lui ont été transmis par les soins du secrétaire-comptable. Les paiements, même supérieurs à 150 francs, sont faits, lorsque le chef de convoi ou le vendeur déclarent ne savoir ou ne pouvoir signer, en présence de deux témoins, qui signent, avec l'agent du Trésor chargé du paiement, ladite déclaration inscrite par ce dernier sur le bon de paiement.

Le chef de convoi qui aura certifié par procuration la réalité des fournitures, donne son acquit également par procuration. La procuration est laissée entre les mains de l'agent du Trésor qui la joint au bon. Le talon du bulletin de chargement ou de conduite, après avoir reçu, par les soins de l'agent qui a effectué le paiement, la mention de la somme payée au chef de convoi, est rendu à ce dernier, pour lui faciliter l'exacte répartition des fonds entre les ayants droits. Cette répartition est effectuée en présence du maire, et les ayants droits donnent décharge au chef de convoi en émargeant au talon du bulletin de chargement ou de conduite (col. 6).

Le jour même du paiement, les bons acquittés sont adressés au trésorier-payeur général, avec les procurations et les talons-avis correspondants.

Si, dans des cas exceptionnels, les fonds manquent dans la caisse du percepteur, les bons non acquittés immédiatement sont payables dans un délai de cinq jours, chez l'agent du Trésor indiqué par le chef de convoi ou le vendeur. Cette indication est portée sur le talon-avis qui est envoyé le jour même au trésorier-payeur général.

Indemnités et salaires. — Les indemnités diverses dues aux membres de la commission pour la visite des communes (y compris le remboursement des frais de transport), et pour les journées d'opérations au centre, ainsi que les salaires du personnel secondaire, sont payés, chaque jour, à la fin des opérations, par l'agent du Trésor, sur production d'un état émargé (mod. 3), dressé par le secrétaire-comptable et certifié par le président de la commission de réception ; le paiement est effectué entre les mains du secrétaire-comptable, chargé de répartir les fonds entre les ayants-droits.

Le remboursement des frais de transport pour visite des communes est effectué sur la déclaration écrite des intéressés (pour les voyages en chemin de fer ou par voiture publique) ou sur la production des factures ou quittances des voituriers (pour les transports en voiture particulière). Les déclarations, factures ou quittances sont annexées à l'état d'émargement qui est transmis le jour même du paiement au trésorier-payeur général.

Menues dépenses d'installation et de fonctionnement. — Les menues dépenses relatives à l'installation et au fonctionnement des commissions de réception sont payées directement par l'agent du Trésor aux fournisseurs, sur la production des factures ou quittances revêtues de leur acquit, portant la mention de prise en charge par le secrétaire-comptable et visées par le président. Ces pièces de dépense sont transmises, le jour même du paiement, au trésorier-payeur général.

Dispense de timbre. — Les diverses pièces dont il est question ci-dessus (procurations collectives, bons de paiement, états d'émargement, factures, quittances, etc.), sont dispensés des droits et formalités du timbre (timbre de dimension et timbre-quittance.)

Régularisation des paiements.

Art. 8. A l'issue des opérations dans une ou plusieurs circonscriptions de groupement, les trésoriers généraux établissent, en double expédition, des états de remboursement (mod. 4) qu'ils adressent aux sous-intendants militaires chargés du ravitaillement ; ils y joignent les bons de paiement, états d'émargement, factures, et quittances.

Les sous-intendants militaires s'assurent aussitôt que les justifications annexées aux états de remboursement y sont portées pour leur montant réel ; ils arrêtent ensuite lesdits états à la somme qui devra être ordonnancée et remettent le jour même au payeur une des deux expéditions certifiées exactes, en attendant qu'ils soient en mesure de délivrer les mandats de régularisation. Ces mandats sont ultérieurement émis au titre du compte de services spéciaux « Dépenses du service du ravitaillement », prévu par le décret du 3 septembre

1900 ; ils sont appuyés des bons de paiement, états d'émargement, factures ou quittances. Les trésoriers généraux y rat-
tachent l'expédition de l'état de remboursement qui leur a
été remise à titre de justification provisoire.

ARTEMENT MODÈLE N° 1
de l'Instruction
ministérielle
du 3 septembre 1900.

DÉPARTEMENT

d

MODÈLE N° 1
de l'Instruction ministérielle du 3 septembre 1900.

BULLETIN

DE CHARGEMENT OU DE CONDUITE.

BULLETIN

DE CHARGEMENT OU DE CONDUITE.

MUNE DE

COMMUNE DE

a et prénoms {
du
onvoyeur. {

Nom et prénoms {
du
convoyeur. {

UCHE à remplir par le Maire.

TALON rempli au centre de réception seulement.

SERVICE DU RAVITAILLEMENT

ET PRÉNOMS des PROPRIÉTAIRES.	DENRÉES, BESTIAUX et récipients compris dans le convoi d'après la déclaration des propriétaires.	
	NATURE.	QUAN-TITÉS.

Achats à caisse ouverte.

NOMS ET PRÉNOMS des PROPRIÉTAIRES.	DENRÉES, BESTIAUX et RÉCIPIENTS REÇUS.		SOMMES REVENANT aux propriétaires qui ont signé la procuration collective.		ÉMARGEMENT des signataires de la procuration collective au moment de la remise des fonds par le chef de convoi.
	NATURE.	QUAN-TITÉS.	PAR-TIELLES.	TOTALES.	
1	2	3	4	5	6

1.

NOMS ET PRÉNOMS des PROPRIÉTAIRES.	DENRÉES, BESTIAUX et RÉCIPIENTS REÇUS.		SOMMES REVENANT aux propriétaires qui ont signó la procuration collective.		ÉMARGEMENT des signataires de la procuration collective au moment de la remise des fonds par le chef de convoi.
	NATURE.	QUAN- TITÉS.	PAR- TIELLES.	TOTALES.	
1	2	3	4	5	6

SERVICE DU RAVITAILLEMENT

NOMS ET PRÉNOMS des PROPRIÉTAIRES.	DENRÉES, BESTIA et récipients compris dans convoi d'aprè la déclaration propriétaires.	
	NATURE.	QUA- TITÉ

Reçu et pris en charge les quantités énumérées au présent talon.

A   , le   190 .

Le Président de la Commission de réception,

Certifié exact le décompte ci-dessus des sommes revenant aux signataires de la procuration collective.

Le Secrétaire-comptable,

La somme de (1)
a été payée par le (2)   soussigné entre
les mains du chef de convoi, sur la production de la procuration collective des vendeurs.

A   , le   190 .

Le (2)

(1) En toutes lettres.
(2) Recoveur des finances ou percepteur.

A   , le   190

Le Maire,   *Le Chef de convoi,*

Le Président de la Commission de réception déclar avoir reçu les quantités ci dessous :
(1)

A   , le   190

Le Président de la Commission de réception,

(1) En toutes lettres. Total pour le commune.

Modèle n° 1
de l'Instruction mi-
nistérielle du 3 sep-
tembre 1900.

PROCURATION COLLECTIVE.

Les soussignés :
(1)

domiciliés dans la commune de   , département
de   , donnent pouvoir à M.
chef du convoi de ravitaillement expédié le   190 ,
à destination du centre de réception de   , de,
pour eux et en leur nom, certifier sincères et véritables les fournitures par eux faites à l'administration de la guerre et comprises
dans ledit convoi; en toucher le montant à la caisse de l'agent
du Trésor désigné pour effectuer le paiement et en donner à cet
agent bonne et valable quittance.

             Fait à   , le   190 .
(2)

Vu pour légalisation des (3)   signatures ci-dessus.

        A   , le   190 .
                Le Maire,

(1) Noms et prénoms.
(2) Signatures.
(3) Nombre en lettres.

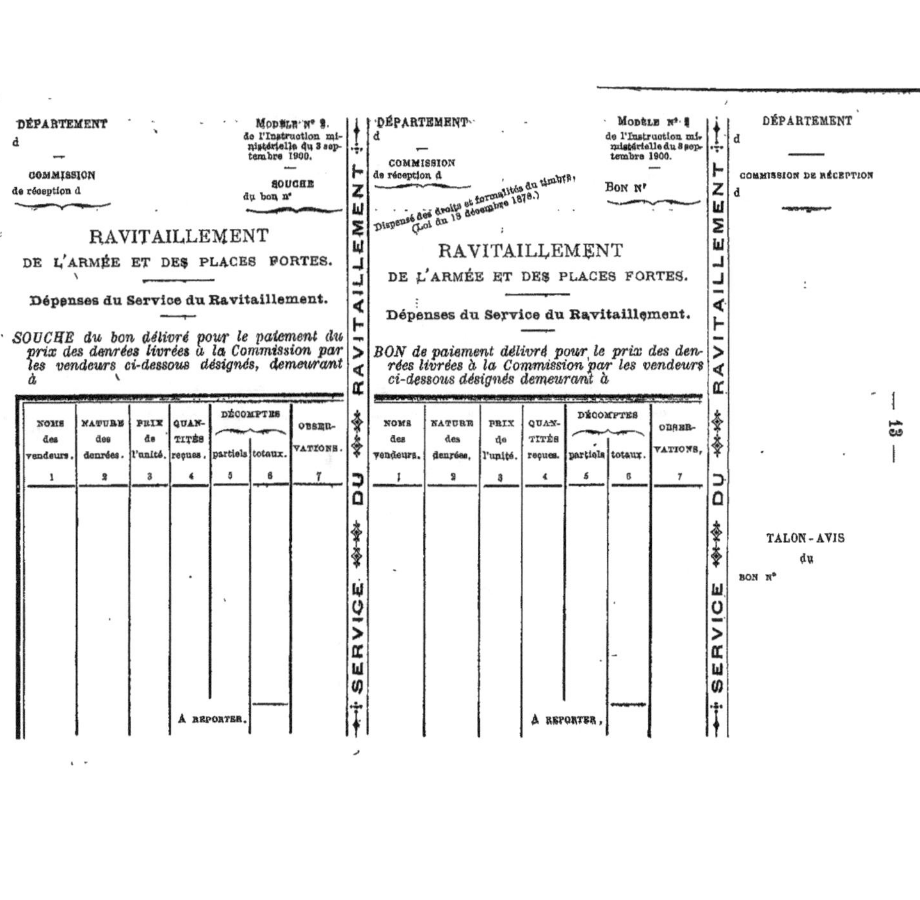

DÉPARTEMENT
d
—

COMMISSION
de réception d

MODÈLE N° 2.
de l'Instruction mi-
nistérielle du 3 sep-
tembre 1900.

SOUCHE
du bon n°

RAVITAILLEMENT
DE L'ARMÉE ET DES PLACES FORTES.

Dépenses du Service du Ravitaillement.

SOUCHE du bon délivré pour le paiement du prix des denrées livrées à la Commission par les vendeurs ci-dessous désignés, demeurant à

NOMS des vendeurs.	NATURE des denrées.	PRIX de l'unité.	QUAN-TITÉS reçues.	DÉCOMPTES		OBSER-VATIONS.
				partiels	totaux.	
1	2	3	4	5	6	7
			À REPORTER.			

RAVITAILLEMENT DU SERVICE

DÉPARTEMENT
d
—

COMMISSION
de réception d

Dispensé des droits et formalités du timbre, (Loi du 13 décembre 1878.)

MODÈLE N° 2.
de l'Instruction mi-
nistérielle du 8 sep-
tembre 1900.

BON N°

RAVITAILLEMENT
DE L'ARMÉE ET DES PLACES FORTES.

Dépenses du Service du Ravitaillement.

BON de paiement délivré pour le prix des denrées livrées à la Commission par les vendeurs ci-dessous désignés demeurant à

NOMS des vendeurs.	NATURE des denrées.	PRIX de l'unité.	QUAN-TITÉS reçues.	DÉCOMPTES		OBSER-VATIONS,
				partiels	totaux.	
1	2	3	4	5	6	7
			À REPORTER,			

RAVITAILLEMENT DU SERVICE

DÉPARTEMENT
d
—

COMMISSION DE RÉCEPTION
d

TALON - AVIS
du
BON N°

RAVITAILLEMENT
DE L'ARMÉE
ET DES PLACES FORTES.

Dépenses du Service du Ravitaillement.

Le Secrétaire-Comptable de la Commission de réception désignée d'autre part, informe le (1)

de

qu'il a émis sur sa caisse à la date de ce jour au nom de M. (2)

pour paiement des denrées livrées à la commission, un bon s'élevant à la somme de (3)

A   , le   190 .

Le Secrétaire-Comptable,

NOMS des vendeurs.	NATURE des denrées.	PRIX de l'unité.	QUAN-TITÉS reçues.	DÉCOMPTES		OBSER-VATIONS.
				partiels	totaux.	
1	2	3	4	5	6	7
			Report			
			Total......			

La Commission de réception a pris charge des denrées énumérées au présent bon pour le paiement desquelles, M. le (1)
de
payera à M. (2)
la somme de (3)

A   , le   190 .

Le Secrétaire-Comptable,

Pour acquit : (5)

A   , le   190 .

La fourniture ci-dessus s'élevant à la somme de (3)
est certifiée sincère et véritable par le (4) vendeur ou chef de convoi soussigné (5)

A   , le   190 .

Vu :

Le Président de la Commission,

(1) Receveur des finances ou percepteur.
(2) Nom et prénoms du vendeur ou du chef de convoi.
(3) En toutes lettres.
(4) Rayer, suivant le cas, le mot « vendeur » ou ceux de « chef de convoi ».
(5) Si le certifié véritable ou l'acquit est donné par le chef de convoi, ajouter : par procuration ».

NOMS des vendeurs.	NATURE des denrées.	PRIX de l'unité.	QUAN-TITÉS reçues.	DÉCOMPTES		OBSER-VATIONS.
				partiels	totaux.	
1	2	3	4	5	6	7
			Report			
			Total......			

La Commission de réception a pris charge des denrées d'autre part, pour le paiement desquelles un bon a été délivré sur la caisse du (1)
de   à
M. (2)   pour la
somme de (3)

A   , le   190 .

Le Secrétaire-Comptable,

Vu :

Le Président de la Commission,

(1) Receveur des finances ou percepteur.
(2) Nom et prénoms du vendeur ou du chef de convoi.
(3) En toutes lettres.

d

CENTRE DE RÉCEPTION

d

MODÈLE N° 3
de l'Instruction
ministérielle
du 3 septembre 1900.

ÉTAT N°

RAVITAILLEMENT

DE L'ARMÉE ET DES PLACES FORTES.

Dépenses du service de ravitaillement.

SOUCHE de l'état d'émargement des sommes payées aux membres de la Commission de réception pour la journée du

NOMS, PRÉNOMS et fonctions.	MONTANT DES SOMMES DUES POUR :					ÉMARGEMENT des ayants droit au moment du paiement.
	VISITE DES COMMUNES. Indemnité journalière.	Remboursement des frais de transport.	Indemnités ou salaires journaliers pour opérations au centre de réception.		TOTAL.	
1	2	3	4	5	6	7
			À reporter...			

SERVICE DU RAVITAILLEMENT

DÉPARTEMENT

d

CENTRE DE RÉCEPTION

d

Dispensé des droits et formalités du timbre. (Loi du 16 décembre 1878.)

MODÈLE N° 3
de l'Instruction
ministérielle
du 3 septembre 1900.

ÉTAT N°

RAVITAILLEMENT

DE L'ARMÉE ET DES PLACES FORTES.

Dépenses du service de ravitaillement.

ÉTAT d'émargement des sommes payées aux membres de la Commission de réception pour la journée du

NOMS, PRÉNOMS et fonctions.	MONTANT DES SOMMES DUES POUR :					ÉMARGEMENT
	VISITE DES COMMUNES. Indemnité journalière.	Remboursement des frais de transport.	Indemnités ou salaires journaliers pour opérations au centre de réception.		TOTAL.	Nous, soussignés, autorisons M..., secrétaire-comptable, à recevoir le montant des sommes ci-dessous qui nous reviennent
1	2	3	4	5	6	7
			À reporter...			

Left table

NOMS, PRÉNOMS et fonctions.	MONTANT DES SOMMES DUES POUR :					ÉMARGEMENT Nous, soussignés, autorisons M… secrétaire-comptable à recevoir le montant des sommes ci-dessous qui nous reviennent.
	VISITE DES COMMUNES.		Indemnités ou salaires journaliers pour opérations au centre de réception.		TOTAL.	
	Indemnité journalière.	Remboursement des frais de transp.(1).				
1	2	3	4	5	6	7
				Report.		
				Total.		

Certifié le présent état et arrêté à la somme de (2)
laquelle devra être payée par le (3)
de

A   , le   190 .

Le Président de la Commission de réception,

Reçu la somme de (2)

A   , le   190 .

Le Secrétaire-Comptable,

(1) D'après la déclaration écrite du président et du membre civil pour les voyages en chemin de fer et en voiture publique ; — d'après les factures ou quittances des voituriers pour les transports en voiture particulière. — Les déclarations écrites, factures ou quittances sont annexées à l'état.
(2) En toutes lettres.
(3) Receveur des finances ou percepteur.

Right table

NOMS, PRÉNOMS et fonctions.	MONTANT DES SOMMES DUES POUR :					ÉMARGEMENT des ayants droit au moment du paiement.
	VISITE DES COMMUNES.		Indemnités ou salaires journaliers pour opérations au centre de réception.		TOTAL.	
	Indemnité journalière.	Remboursement des frais de transp.(1).				
1	2	3	4	5	6	7
				Report.		
				Total.		

Certifié le présent état et arrêté à la somme de (2)
laquelle a été payée aux ayants droit par le secrétaire-comptable de la commission.

A   , le   190 .

Le Président de la Commission de réception,

(1) D'après la déclaration écrite du président et du membre civil pour les voyages en chemin de fer et en voiture publique ; — d'après les factures ou quittances des voituriers pour les transports en voiture particulière. — Les déclarations écrites, factures ou quittances sont annexées à l'état.
(2) En toutes lettres.

<table>
<tr><td>DÉPARTEMENT
d</td><td></td><td>MODÈLE N° 4
de l'Instruction minis-
térielle du 3 sep-
tembre 1900.</td></tr>
</table>

MINISTÈRE DE LA GUERRE.

SERVICE DU RAVITAILLEMENT.

Achats à caisse ouverte.

ÉTAT DE REMBOURSEMENT, par centre de réception, des bons, états d'émargement, factures ou quittancès qui ont été payés à présentation, du   au   et qui doivent faire l'objet de mandats de régularisation délivrés au titre du compte des services spéciaux « *Dépenses du service du ravitaillement* ».

NUMÉROS D'ORDRE.	DÉSIGNATION DES CENTRES de réception.	NATURE des pièces de dépense	NUMÉROS D'ORDRE des pièces de dépense.	DÉSIGNATION des PARTIES PRENANTES qui ont reçu les fonds.	MONTANT des PIÈCES de dépense.	OBSERVATIONS.
1	2	3	4	5	6	7
				À REPORTER...		

NUMÉROS D'ORDRE.	DÉSIGNATION DES CENTRES de réception.	NATURE des pièces de dépense	NUMÉROS D'ORDRE des pièces de dépense.	DÉSIGNATION des PARTIES PRENANTES qui ont reçu les fonds.	MONTANT des PIÈCES de dépense.	OBSER- VATIONS.
1	2	3	4	5	6	7
				REPORT....		
				TOTAL......		

CERTIFIÉ EXACT le présent état de remboursement montant à
la somme de (1)

et appuyé de (1)   pièces de dépenses.

A   , le   190 .

Le Trésorier-Payeur Général,

VÉRIFIÉ par nous, Sous-Intendant militaire, le présent état de
remboursement s'élevant à la somme de (1)

qui forme le montant des (1)   pièces de
dépenses transmises par M. le Trésorier-Payeur Général, déduc-
tion faite de celles rejetées pour les motifs ci-après :

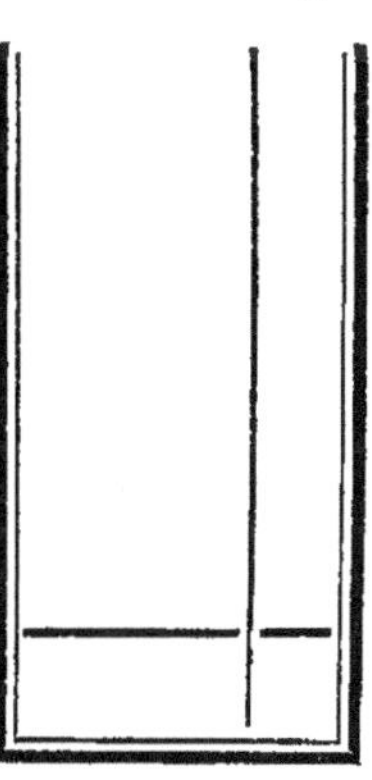

A   , le   190 .

Le Sous-Intendant militaire,

(1) En toutes lettres.